JAMÁS SE CONVERTIRÁ EN ESTRELLA

AQUEL CUYO
ROSTRO
NO IRRADIE LUZ.

WILLIAM BLAKE

Jessica J. Lockhart

EL OPTIMISTA QUE HAY EN TI

El coaching en optimismo: un método único

KŌAN

A Jose, Skye y Karina.
Gracias por ser la luz de mi optimismo

ÍNDICE

CAPÍTULO 1: EL AUTÉNTICO OPTIMISMO

CAPÍTULO 2: TU PUNTO DE PARTIDA

CAPÍTULO 3: UN PLAN DE VIAJE

PRÓLOGO

POR QUÉ ESTE LIBRO PUEDE CAMBIARTE LA VIDA

Nos conocimos en el primer World Happiness Festival, que se celebró en San Miguel de Allende, en México. Conectamos de inmediato: Jessica es de esas personas que irradian una energía que parece casi palpable. Su sonrisa, su mirada, su actitud, su ilusión...: toda ella transmite una alegría y un entusiasmo tan contagiosos que uno se siente como si le hubieran inyectado una enorme dosis de optimismo.

Nuestra primera conversación fue breve pero intensa. Nos dimos cuenta de que compartimos un propósito en la vida: promover y alimentar la felicidad en nuestra sociedad

Después de nuestra charla asistí a su ponencia en el festival. Sin pensarlo dos veces, me senté en primera fila, y quedé prendado de la luz que proyectaba, tan intensa que, como dice ella en broma, es capaz de deslumbrar. Su energía es tan potente, tan atractiva, que uno desea ser como ella. Y su vida es la historia de una luchadora: a causa de dos accidentes de tráfico, estuvo a punto de quedarse sin poder andar, y sin embargo, creyendo en ella misma, logró recuperarse. Es la prueba viviente de que lo que parece inalcanzable en ocasiones puede no serlo si lo deseamos realmente e invertimos en ello todas nuestras fuerzas y una actitud positiva. Jessica reconstruyó su felicidad, y ahora comparte con nosotros su experiencia, el camino que nos permitirá construir la nuestra siguiendo su método único, basado en la recuperación del optimismo.

Este método forma parte de la disciplina más amplia que ha creado Jessica: la humanología. Su objetivo es muy sencillo: hacer feliz al mayor número posible de personas ofreciéndoles no sólo su potente experiencia personal, sino también valiosos recursos que ha desarrollado con rigor y solidez.

Que Jessica me haya propuesto prologar este precioso libro supone un enorme orgullo para mí. Cargada de la energía de su autora, ésta es una de esas obras que se leen de un tirón porque son amenas, cercanas, seducen e intrigan, y después, como un buen vino, se saborean despacio, se repasan, se trabajan y, en este caso, ayudan a evaluar el desarrollo personal.

Una de las citas que recoge aquí Jessica es «La felicidad es un hábito: cultívalo», del escritor norteamericano Elbert Hubbard. Esta frase resume el libro y a su autora: debemos practicar cada día sus consejos, no bajar la guardia, para convertir en algo espontáneo los buenos hábitos, esos que mejoran nuestro estado de ánimo y nos permiten encarar el mundo de forma positiva.

Querría destacar algunos aspectos de este manual: en primer lugar, la reflexión acerca de si el optimista nace o se hace: aunque tengamos una tendencia natural al optimismo, siempre habrá circunstancias en la vida que alterarán nuestra temperatura emocional, así que resulta imprescindible estar alerta para mantener una actitud positiva. En segundo lugar, nos explica por qué dicha actitud debe ser el punto de partida del camino hacia una vida mejor (y también más larga: me llamó la atención un estudio del que habla Jessica, llevado a cabo en la clínica Mayo, de Minnesota, que concluyó que el optimismo reduce la mortalidad), y nos brinda herramientas para medir nuestro optimismo a fin de tomar conciencia de nuestra situación real, nuestro punto de partida. En tercer lugar, dado que la felicidad es un concepto cien por cien personal, nos ayuda a desentrañar qué significa para cada uno de nosotros, algo que podemos averiguar realizando el ejercicio del árbol de la felicidad. Por otro lado, nos habla de dos conceptos interesantísimos: los optimizadores del estado de ánimo y los potenciadores del optimismo. Finalmente, recalca la importancia de que nos fijemos siempre metas, propósitos que serán un empuje fundamental en este viaje hacia el bienestar, y que un optimista, con su mayor creatividad y productividad, alcanzará más fácilmente que alguien negativo.

Por eso considero este libro un documento de referencia y sumamente innovador: el coaching en optimismo me parece un extraordinario descubrimiento que puede cambiarnos la vida a todos, incluso aplicándolo en ámbitos distintos (personal, familiar y laboral). Gracias a este método único, los que necesitan desarrollar el optimismo lo lograrán; los que necesitan mejorarlo lo mejorarán, y todos nos sentiremos empoderados para vivir con firmeza y con una sonrisa, siguiendo el ejemplo de la autora, que logró cambiar su vida. Su libro puede cambiar la tuya.

JORDI VILAJOSANA
Profesor y emprendedor
Director del *Observatory of Entrepeneurship and Happiness* de la Escuela Politécnica Superior de Edificación de Barcelona (UPC)

ENTENDERSE
A UNO MISMO
ES EL INICIO DEL
CONOCIMIENTO.

SÓCRATES

ELIGE SER
OPTIMISTA:
TE SENTIRÁS
MEJOR.

DALAI LAMA

PREÁMBULO

FRENTE AL ESPEJO

Tarde o temprano, la vida nos pone a prueba. A veces con insistencia tozuda y cruel. Ése fue mi caso: en un período de apenas diez años, sufrí dos accidentes de automóvil que me dejaron graves secuelas; desarrollé una intolerancia a la mayor parte de los analgésicos y a diversos medicamentos, y finalmente me diagnosticaron una enfermedad degenerativa incurable. Padecía dolores fuertes y constantes, apenas podía caminar, no parecía haber esperanza para mí.

En esas durísimas circunstancias, mi marido y yo descubrimos que nuestra única hija, que por aquel entonces tenía sólo cuatro años, estaba sufriendo acoso escolar. Y lo que es peor: quien la atormentaba no era un compañero, sino su profesora. Nuestra pequeña estaba pasándolo terriblemente mal, algo que resulta devastador para cualquier padre.

Así arrancó una larga época en la que el intenso dolor físico iba y venía; los médicos aseguraban que acabaría sin poder andar; a menudo no podía sostenerme en pie, y el dolor de mi alma dependía directamente de la felicidad de nuestra hija. Intentamos resolver el problema cambiándola de colegio varias veces, pero ella ya llegaba marcada como víctima y enseguida se convertía en diana de los acosadores.

No obstante, en cierto momento la situación mejoró: cambiamos de país, encontramos un médico que logró aliviarme el dolor durante períodos relativamente largos y llegó, desde tierras lejanas, nuestra segunda hija. Al fin volvíamos a disfrutar de algo parecido a la felicidad.

Pero entonces, por motivos ajenos a nuestra voluntad, tuvimos que regresar al país que habíamos abandonado. Estábamos asustados, nos temíamos lo peor. Y lo peor ocurrió: nos arrolló otra oleada de problemas. Nuestra hija mayor comenzó a sufrir un acoso aún más violento; atravesamos dificultades laborales y mi espalda volvió a torturarme. Todo era oscuridad, dolor, conflicto. Dudábamos que pudiéramos soportarlo.

Si logramos superarlo fue porque nos trasladaron otra vez, conocimos un nuevo país y nuevas personas, y pareció que podían empezar a cicatrizar las heridas provocadas por tanta oscuridad, tanto dolor, tanto conflicto.

Un día vino de visita una vieja amiga. Tomamos café, charlamos... Pasado un rato, me miró entornando los ojos y me preguntó por qué me había convertido en una mujer triste y reservada. «¿Qué ha sido de tu optimismo, Jessica?» Esa sencilla frase me produjo el efecto de una descarga eléctrica. Me levanté con lentitud y le pedí a mi amiga que me disculpara un instante. Fui al cuarto de baño y me miré en el espejo: no me reconocía. En mi reflejo no había ni rastro de la fortaleza que siempre me había caracterizado. No había luz, no había energía, parecía hueca. Pero acababa de despertar de un largo letargo. Decidí reencontrarme.

Tras analizar, cuestionar, estudiar en busca del origen de mi falta de alegría y vitalidad, comprendí que el optimismo desempeña un papel crucial en nuestra mente, y el mío, a causa del cúmulo de problemas, de dolor, de tristeza, había desaparecido como agua de lluvia en tierra seca. Sin él, era incapaz de mirar de frente a la vida, así que, para recuperar mi esencia y una vida plena, debía convertirlo de nuevo en mi centro de gravedad, mi motor, mi fuente de energía.

Probé todas las estrategias, los métodos y las técnicas que encontré en mis amplias e intensas investigaciones. Deseché algunas; adapté otras a mi situación y mi personalidad, y utilicé directamente unas pocas. Acabé diseñando herramientas y procesos propios que me ayudaron a llegar aquí: llevo una vida en la que el dolor es más la excepción que la regla, tengo una familia que me quiere y me llena de alegría, decenas de amigos...: soy feliz.

Nada deseo más que compartir cuanto he aprendido, ayudar a los demás a recuperar la felicidad como hice yo. Lo he conseguido con mi hija mayor, y desde hace un tiempo intento guiar en el proceso al mayor número de personas posible: enseñarles a trabajar su optimismo, descubrirlo o multiplicarlo, como punto de partida para desarrollarse plenamente. Este libro recoge las herramientas que me han resultado de mayor utilidad para ello. Para recobrar el vigor y la fortaleza, la luz. Para reconocerme cuando me miro en el espejo. Para no temer que la vida vuelva a ponerme a prueba.

LA FELICIDAD ES UN HÁBITO: CULTÍVALO.

ELBERT HUBBARD

CAPÍTULO 1

EL AUTÉNTICO OPTIMISMO

UN CONCEPTO PROFUNDO

¿Cuántas veces hemos oído pronunciar la palabra *optimista* con cierto tono de burla, como sinónimo de *iluso*, *cándido*, *ingenuo*? ¿Y la afirmación de que un pesimista es un optimista bien informado?

Esta visión sesgada del optimismo, un concepto profundo y crucial para nuestro desarrollo, está muy extendida. Sin embargo, un optimista no es aquel que lo ve todo de color de rosa o padece el llamado síndrome de Pollyanna (el personaje de Eleanor H. Porter que únicamente ve el lado bueno de las cosas), que se caracteriza por un positivismo tan exacerbado que no deja lugar al análisis y la reflexión. Ser optimista no significa ser inconsciente: significa tener una actitud abierta y esperanzada, confianza en uno mismo y capacidad de superación. No implica no mirar con los ojos muy abiertos la realidad, sino enfocarla de forma positiva, calibrarla con serenidad, lógica e introspección. Las personas optimistas tampoco creen ciegamente que las cosas siempre saldrán bien: confían en ello y hacen cuanto esté en sus manos para que así sea, enfrentándose a sus miedos, buscando los caminos adecuados. Ante cada obstáculo, en vez de bloquearse y rendirse, examinan las mejores soluciones, perseveran y, si no logran sus objetivos, no se hunden, sino que analizan, aprenden, buscan alternativas, avanzan. El optimismo es su motor.

Habrá quien se pregunte cómo puede uno mantenerse optimista si, al mirar atentamente a su alrededor, uno ve, impotente, tanta mentira, pobreza, violencia, injusticia; o cuando uno se encuentra en circunstancias duras: la pérdida de un ser querido, un despido, acoso laboral, una separación, una enfermedad grave, un episodio depresivo. En estos casos, el optimista no niega o minimiza la adversidad, sino que la afronta y procura evitar que lo haga vulnerable. Conoce el camino para que el dolor no altere ni su integridad ni su esencia personal. Y si, por algún motivo, ese optimismo ha quedado sepultado bajo una montaña de problemas, lo primero que hay que hacer es recuperarlo para reconducir la propia vida.

No diremos que sea fácil, pero sí es posible siempre que uno cuente con las herramientas adecuadas para activar esa actitud positiva y echar mano de ella, porque es la única que nos permitirá superar las dificultades. ¿Quién no conoce a alguien que, a pesar de haber sufrido mucho en la vida, siempre se muestra enérgico, positivo, y ha luchado, con éxito, para salir adelante? Personas así nos inspiran y nos contagian las ganas de vivir. Son los optimistas. Y todos tenemos la semilla del optimismo en nuestro interior: sólo debemos regarla y cuidarla para que crezca y nos haga crecer.

Los diez rasgos del auténtico optimista

Lejos de la ingenuidad, la falta de realismo y el autoengaño, al auténtico optimista lo definen unas cualidades que lo ayudan a llevar una vida plena y lo hacen reconocible (e incluso envidiable) en casi todas las situaciones de la vida. Éstas son las diez principales cualidades de ese optimismo que quiero que el lector despierte o potencie. Las presento en contraste con las actitudes pesimistas, aquellas que conviene evitar.

El verdadero optimista es...

1. Racional

A la hora de tomar decisiones, el verdadero optimista no se deja llevar por el puro entusiasmo o por sus sueños sin pensar en los riesgos ni en las posibles desventajas de sus actos. En cambio, persigue sus metas y da con los recursos ideales partiendo del análisis profundo del objetivo que quiere lograr y de los pasos que debe seguir, sopesando los pros y los contras y, sobre todo, siendo muy consciente de su personalidad. Tiene presentes sus limitaciones, sus puntos débiles y sus puntos fuertes, y busca el camino adecuado para compensar los primeros y potenciar los segundos. Eso le da seguridad y alimenta su perseverancia en la consecución de sus propósitos y, a la vez, en su desarrollo pleno.

Por el contrario, el pesimismo suele tener su raíz en profundas creencias inconscientes («no valgo para esto», «todo me sale mal»), miedos e inseguridades que no permiten enfocar con realismo ni las situaciones ni las propias capacidades.

2. Valiente

Las personas optimistas confían en sí mismas y en su capacidad de conseguir que las cosas, de una u otra forma, salgan bien. Por eso asumen riesgos, son osadas. Con la energía y la fortaleza que las caracterizan, aunque sin perder de vista las dificultades, se centran en las oportunidades que se presentan ante ellas y se atreven a desafiarse. Son plenamente conscientes de que no pueden descartar el fracaso, pero no lo temen: saben que, aunque al final no alcancen su meta, habrán aprendido una valiosa lección.

En cambio, las personas pesimistas suelen vivir instaladas en la resignación y, por tanto, raramente se aventuran en el camino hacia el cambio. El temor al fracaso, del que no se verían capaces de recuperarse, las bloquea y no les permite ver las oportunidades. Y, en caso de que logren superar el miedo y arriesgarse, si al final llega el fracaso, éste constituirá para ellos la confirmación de su actitud habitual: ya tengo suficientes problemas, mejor me quedo como estoy.

3. Perseverante

Cuando surgen contratiempos, los optimistas, lejos de desanimarse, revisan su enfoque de las circunstancias y de sus propósitos para descubrir vías alternativas, aunque sean mucho más audaces e insólitas que las iniciales. Tenaces y pacientes consigo mismos, buscarán una y otra vez hasta que alguna vía funcione o hasta que todas las posibilidades estén realmente agotadas.

Por su parte, ante el primer obstáculo, los pesimistas se sienten frustrados. Creen que el problema carece de solución y, en ocasiones, algo peor: que ellos son los responsables únicos de que las cosas no hayan salido como esperaban. Su autocrítica es siempre feroz.

4. Creativo

Como no desfallecen ante los contratiempos, las personas optimistas buscan soluciones aunque aparentemente no haya ninguna. Por eso son sumamente creativas: analizan los problemas desde puntos de vista diferentes y descubren caminos a menudo innovadores para seguir avanzando hacia sus objetivos.

Por el contrario, un pesimista tiene una visión estrecha de la realidad y, a causa de sus inseguridades, ante un desafío evitará el riesgo y únicamente recurrirá a las herramientas que conozca y que hayan demostrado su eficacia. Si éstas no funcionan, se resignará y desistirá de sus propósitos.

5. Sociable

Para los optimistas, todas las personas, aparte de merecer respeto, constituyen una fuente de saber. Dado que para ellos cualquier experiencia es un aprendizaje que los ayuda a mejorar, entablar relaciones es una valiosa ocasión para conocer ideas y formas de vida diferentes. Por eso tienen un carácter abierto y amigable. Cuidado: no estamos diciendo que los optimistas utilicen a los demás para su propio beneficio. El interés por el otro es genuino, nace del respeto y es recíproco, porque ellos aportarán también cuanto puedan al intercambio. Aparte, ya hemos señalado que ser optimista no significa ser ingenuo. Así pues, las personas positivas son conscientes de que pueden llevarse sorpresas desagradables, encontrarse con personas tóxicas. Pero prefieren arriesgarse a sufrir una decepción antes que perder la oportunidad de conocer a alguien que merezca la pena y tal vez construir una amistad profunda y duradera.

En cambio, los pesimistas no suelen ser sociables: el miedo a la frustración, a que les hagan daño, y la visión profundamente negativa de la humanidad hacen que prefieran la soledad o se resistan a salir del círculo familiar y de amigos consolidado. En consecuencia, a menudo tienen problemas para relacionarse tanto en la esfera personal como en la profesional. Desconfían de todo el mundo y, por otro lado, les cuesta ver los aspectos positivos de los demás: nadie les parece suficientemente bueno. Consideran que en el fondo ninguna amistad o relación es sincera, que la traición siempre planea sobre ellas, y en el trabajo prefieren el aislamiento y el trato mínimo con los compañeros. Aunque la soledad les cause tristeza, están convencidos de que la vida no puede ser de otra manera.

Para el optimista, un desconocido es una posible nueva amistad; para el pesimista, una amenaza.

El verdadero optimista...

6. Ríe, sonríe y llora

El optimista vive plenamente y no se inhibe a la hora de mostrar su alegría. Debido a su carácter amigable, suele ser de sonrisa fácil, aparte de que siempre encuentra motivos para estar contento y sabe centrarse en ellos: cada pequeño triunfo, cualquier noticia esperanzadora, las alegrías ajenas lo harán sentirse feliz y reafirmarse en su actitud positiva. Y cuando lo embarga la tristeza, consciente de que las contrariedades se superan y de que todos podemos salir adelante, procura desembarazarse de ella lo antes posible.

Por su parte, las personas pesimistas, inseguras, con baja autoestima, vergonzosas, en según qué circunstancias (un entorno poco conocido, una situación nueva), reprimen la risa. Y sus sonrisas son apenas esbozadas o tristes, pues cuando viven un éxito o reciben una buena noticia sólo ven la para ellos irremediable contrapartida negativa, las desilusiones que los esperan a la vuelta de la esquina.

Como veremos más adelante, este rasgo explica en parte por qué entre los beneficios del optimismo se cuentan una salud mejor, mayores índices de bienestar e incluso una mayor esperanza de vida.

Del mismo modo que dan rienda suelta a la alegría, los optimistas se permiten sentir las emociones negativas, inevitables a lo largo de la vida.

Saben que son pasajeras y, sobre todo, que reprimirlas resulta contraproducente, pues tienen una función terapéutica (por ejemplo, el llanto nos ayuda a expulsar del cerebro sustancias asociadas al estrés), y sólo liberándolas superamos las circunstancias que las han ocasionado. Así, llorarán libremente la pérdida de un ser querido, y expresarán su enfado cuando resulte necesario, en lugar de acumular ira.

A diferencia de los optimistas, que expresan los sentimientos negativos en el momento en que aparecen a fin de sobrellevar la pena, la tristeza o la ira, los pesimistas suelen anticiparse a las situaciones dolorosas —de forma que sufren antes, durante y después de un disgusto—, o bien reprimirlas o transformarlas: a menudo, su llanto no es liberador sino fruto de una resignación o una desesperanza que no saben cómo vencer.

7. Asume sus errores

Ya hemos señalado que el optimismo va de la mano del autoconocimiento y del realismo. Por tanto, las personas positivas no se creen infalibles, pues nadie lo es. Así, cuando cometen un error o sufren un fracaso (una posibilidad que saben tener presente), buscan el origen de los mismos. Si se encuentra en circunstancias que escapan a su control o responde a errores ajenos, lo aceptarán y seguirán adelante, quizá planteándose nuevos caminos para alcanzar sus objetivos, o tal vez fijándose otros. Si en cambio son ellos quienes se han equivocado, no se castigarán ni caerán en el victimismo o la desesperanza: tomarán nota de la lección aprendida y la tendrán en cuenta para perseverar o enfrentarse a nuevos retos.

En las mismas circunstancias, los pesimistas suelen reaccionar o bien negando su responsabilidad en el fracaso, achacándolo a la injusticia del mundo, o bien culpándose dura e injustamente y cayendo en un desánimo que multiplicará su visión negativa de ellos mismos y de la vida.

8. Escoge ser positivo

El optimista es consciente de su optimismo: sabe que no podemos cambiar según qué realidades, pero sí la manera de afrontarlas. Ha comprobado que el enfoque positivo de la vida garantiza el bienestar, mientras que el negativo conduce al inmovilismo y la insatisfacción. Por eso decide enfrentarse a la vida con fortaleza, energía, ilusión. Sabe que quien no se equivoca no aprende, y por tanto asume sin miedo los riesgos que puede implicar cada aventura, cada meta que se fije. No obstante, ha de estar alerta y alimentar su optimismo día a día. Sólo así desarrollará todo su potencial y se mantendrá en el camino hacia una vida plena.

Las personas pesimistas consideran que los optimistas son ingenuos y se engañan a sí mismos, y que en cambio la suya es una visión realista de las cosas. Sin embargo, ésa constituye una mera justificación de una actitud que son incapaces de transformar, aunque sepan, consciente o inconscientemente, que es incompatible con la felicidad.

9. Sabe cuándo resignarse a lo inevitable

Resulta imposible controlar todos los factores que afectan a nuestra vida, y hay situaciones que no dependen de nosotros, no podemos hacer nada por cambiarlas o evitarlas. Las personas optimistas lo saben y lo aceptan. Pero se resignan solamente cuando han constatado que ésa es la única opción. Su resignación es serena, fruto del análisis y del realismo, y no impide que se planteen alternativas, nuevos caminos hacia nuevos objetivos.

Por el contrario, el pesimista se resigna a lo que considera inevitable antes de comprobar si verdaderamente lo es. Duda que los cambios a mejor sean posibles y que podamos influir en nuestro entorno, y su resignación, de nuevo, nace del convencimiento de que de nada sirve luchar y buscar otras opciones. Así, se quedan anclados en un inmovilismo absoluto, de forma que no serán capaces de mejorar ni sus circunstancias ni su estado de ánimo.

10. Nunca deja de soñar

El auténtico optimismo es un motor que nos impulsa sin cesar hacia el desarrollo pleno. Por eso, cuando cumple un sueño, una persona optimista siempre tiene otros que alcanzar: cada meta alcanzada es el trampolín hacia nuevos y estimulantes retos que le permitirán circular por caminos inexplorados y enriquecer su visión del mundo. Incluso los pequeños logros en su avance hacia sus objetivos los celebra como premios que realimentan su positividad y su energía.

El pesimista ve su futuro como un devenir de días iguales entre sí, anodinos, carentes de emoción. Su falta de fe en sí mismo y la idea de que las cosas únicamente pueden mantenerse igual o empeorar le impide no sólo responderse a preguntas esenciales para avanzar, sino incluso formulárselas: ¿qué me gustaría hacer?; ¿qué querría cambiar?; ¿qué recursos tengo para mejorar? Nada lo motiva, nada le inspira ilusión o esperanza, y así resulta difícil encontrarle sentido a la vida.

Podríamos afirmar que el mundo, para un optimista, está lleno de posibilidades, de mil opciones, es un amplísimo horizonte, mientras que para el pesimista apenas ofrece probabilidades, hay pocas opciones donde escoger, el horizonte es estrecho y oscuro.

La motivación

Como hemos visto, el optimismo es el enfoque positivo de las cosas, la voluntad de optimizar, como se diría en el ámbito de la empresa, los recursos propios y del entorno. Uno de los aspectos esenciales de dicha actitud es la motivación, el factor que impulsa al optimista a actuar una vez se ha fijado un objetivo y a luchar contra las dificultades con ímpetu y esperanza. Por descontado, la motivación está ausente en la actitud pesimista, pues ésta va ligada a la idea de que el fracaso es prácticamente inevitable, así que cualquier esfuerzo es vano.

La motivación es, pues, la actitud optimista centrada en una meta concreta. Si una persona la pierde, no deja de ser optimista: sencillamente se ha esfumado el interés por un objetivo en particular.

Del mismo modo que el optimismo, como veremos más adelante, tiene un componente genético y fisiológico, pues es uno de los recursos que la naturaleza nos ha dado para salir adelante como especie, la motivación está vinculada a procesos bioquímicos. Cuando nos hemos propuesto un objetivo y vamos avanzando hacia su consecución, nuestro cerebro libera una sustancia llamada dopamina, que nos llena de energía y nos hace sentir bien, aparte de regular el humor y la atención. A cada paso que damos, metabolizamos esta sustancia, de forma que necesitamos más y eso nos mueve, nos motiva para seguir avanzando. Trataremos con mayor profundidad esta clase de procesos y sustancias en el capítulo 3.

Desde el punto de vista psicológico, hay diversas maneras de analizar y clasificar la motivación a fin de comprenderla, medirla y potenciarla. Una de las clasificaciones más extendidas es la que distingue entre la motivación intrínseca y la extrínseca.[1] La intrínseca es la que sentimos por alcanzar una meta que nos satisface internamente: por ejemplo, nos produce bienestar, placer, satisfacción. En cambio, la motivación extrínseca es la que nos guía hacia recompensas que provienen del exterior: premios, dinero, reconocimiento...

También resulta habitual la distinción entre motivación positiva y negativa: la primera es la que persigue recompensas, mientras que la segunda busca evitar problemas, castigos o cualquier sensación desagradable.

Sin embargo, la clasificación con la que yo trabajo desde hace años es la que distingue entre motivación instrumental y motivación integradora, establecida por los psicólogos norteamericanos Robert Gardner y Wallace Lambert.[2] Ambos estudiaban cuestiones relacionadas con el lenguaje, y querían comprender por qué algunos alumnos aprendían un segundo idioma con mayor rapidez y mejor que otros. Según su modelo,

---

1. E.L. Deci y R.M. Ryan, *Intrinsic Motivation and Self-Determination in Human Behavior*, Plenum Press, Nueva York, 1985.

2. R.C. Gardner y W.E. Lambert, *Attitudes and Motivation in Second-Language Learning*, Newbury House Publishing, Rowley, Massachusetts, 1972.

los alumnos que desean adquirir un idioma para que éste forme parte de su vida y su mente tienen una motivación integradora: desean integrar, asimilar el lenguaje como otra de sus herramientas de comunicación y conocer el idioma para también integrarse en la cultura en la que se enmarca. Por otro lado, la motivación de los que buscan objetivos externos mediante el aprendizaje de una lengua es instrumental: quieren ampliar su formación, su currículum, o la necesitan para un fin determinado (un cambio de país, por ejemplo).

Esta distinción nos resulta útil para el análisis y el desarrollo del optimismo: podemos extrapolarla y considerar que la motivación general de las personas puede ser instrumental o integradora. La instrumental es la que nos lleva a perseguir objetivos concretos, y la integradora, la que nos mueve a formar parte de un grupo y a crecer con él. En todos nosotros conviven los dos tipos de motivación, pero suele predominar una sobre otra a la hora de actuar. Las personas en las que pesa más la motivación instrumental perseguirán metas concretas y prácticas. Aquellas en las que pesa más la integradora buscarán maneras de fortalecer el bienestar del grupo, de su entorno. Por supuesto, el hecho de que en nosotros predomine la motivación integradora no significa que no busquemos nunca objetivos externos, prácticos.

A continuación resumo los rasgos de ambos tipos de motivación.

Motivación instrumental

- Orientada a tareas o metas específicas, busca la expansión, el crecimiento y la consecución de dichas metas.
- Siempre mira hacia delante y hacia el exterior.
- La persecución de los objetivos es el eje de la vida, por encima de todo.
- La rutina es su peor enemigo, pues debilita el empuje y el deseo.

Motivación integradora

- Es la motivación de la permanencia y la estabilidad.
- Siempre mira hacia el interior.
- El riesgo es su mayor enemigo, y puede llegar a paralizarla.

Todos necesitamos sentirnos motivados para avanzar y mejorar hacia una vida plena. Saber cuál es la motivación que predomina en nosotros nos ayudará a comprendernos y a trabajarla, o a equilibrar las dos si es necesario. ¿Somos personas que perseguimos objetivos específicos? ¿O estamos más centrados en nuestro entorno y en la sensación de pertenencia a nuestro grupo? ¿Hemos dejado de lado la motivación que forma parte de nuestra esencia, de nuestro carácter? Si uno carece del empuje para perseguir según qué objetivo, quizá es porque su motivación básica no es instrumental.

Puedes averiguar cuál es tu motivación esencial realizando el ejercicio que encontrarás en la página 77.

EL OPTIMISMO APRENDIDO

¿El optimista nace o se hace? Hay consenso entre la comunidad científica en que el optimismo tiene un componente genético: es lógico porque, como hemos comentado, constituye uno de nuestros recursos para sobrevivir como especie. Sin embargo, según diversos estudios, el factor genético ronda el cuarenta por ciento;[3] así, el sesenta por ciento de nuestro optimismo depende del entorno, de nuestro desarrollo. En nuestros primeros años de vida, el optimismo se construye esencialmente a base de experiencias que refuerzan nuestra autoestima. Pero esto funciona también en sentido contrario: nuestra predisposición genética hacia el optimismo, la esperanza y la alegría que suelen caracterizarnos de pequeños pueden desaparecer a causa de traumas, la falta de estímulos positivos, el cansancio y los disgustos. Por supuesto, la educación desempeña un papel fundamental: ¿cuán común es decirles a niños y muy especialmente a adolescentes que no sean tan confiados, que sean realistas, que dejen de soñar? Se trata de mensajes pesimistas y, sobre todo, inadecuados, porque en esa etapa de la vida carecemos de las herramientas necesarias para valorar las situaciones y nuestras opciones. Debemos guiar a los niños y a los jóvenes, ayudarlos a confiar en sí mismos y a desarrollar el pensamiento crítico, sin de-

---

3. Elaine Fox, *Rainy Brain, Sunny Brain: How to Retrain Your Brain to Overcome Pessimism and Achieve a More Positive Outlook*, Basic Books, Filadelfia, 2012 [*Una mente feliz. Descubre cómo funciona el optimismo y cambia tu forma de ver la vida*, Temas de Hoy, Madrid, 2012].

sanimarlos ni hacerlos desistir de sus sueños. Eso no significa que no debamos inculcar valores como la perseverancia y el buen hacer, pues en el futuro los necesitarán para alcanzar sus metas. Pero ello debe ir acompañado de otras enseñanzas: no rendirse ante el primer obstáculo, conocer las propias capacidades y confiar en ellas, y ser conscientes de que siempre pueden surgir imprevistos y fracasos, que forman parte de nuestro aprendizaje.

No podemos minar el optimismo de los más jóvenes y convertirlos en personas serias, grises, apagadas, sin ilusión. En parte, la epidemia de depresión y ansiedad que en Occidente sufren las generaciones actuales de adultos y jóvenes nace de mensajes negativos repetidos una y otra vez: defender un realismo mal entendido, el que se centra en el aspecto negativo de las cosas, y frases como «No quieras correr», «Tómate las cosas en serio», «La vida no es un juego»... Hay parte de verdad en ellas, pero deberían ir acompañadas de un «Si lo tienes claro, si has analizado la situación y medido tus capacidades, ¡adelante, tú puedes!».

Sin embargo, ya hemos visto que es posible recuperar el optimismo, el proceso de aprendizaje negativo es reversible. Esto tiene una base científica: el cerebro, como cualquier otro músculo, puede entrenarse y moldearse. La motivación y el optimismo dependen del cerebro, tanto de algunas de sus sustancias como de las creencias que ha integrado, de modo que podemos trabajarlos entrenándolo: se pueden alterar sus respuestas realizando un esfuerzo consciente, provocar que siga una pauta química determinada y cambiar así nuestras actitudes. Por tanto, con la práctica, las personas pesimistas pueden acabar con el hábito de centrarse en lo negativo.

Aunque hayamos interiorizado que la vida es un valle de lágrimas, que sólo el trabajo duro, el sufrimiento y la falta de alegría ofrecen resultados, nunca es tarde para cambiar nuestra visión del mundo y de la humanidad abriéndonos a una perspectiva optimista. Podemos empezar a permitirnos tener ilusiones y esperanza, escapar de la cárcel del pesimismo, que inmoviliza y deprime. Éste es el primer paso para desarrollar todo nuestro potencial, para vivir la mejor vida posible.

LOS BENEFICIOS DEL OPTIMISMO

Tradicionalmente se ha considerado que las personas optimistas son más felices que las pesimistas (y no por la falsa creencia de que el optimismo es una visión ingenua de la vida y, por tanto, los optimistas son felices porque no son conscientes de la realidad). En el apartado de las diez cualidades del auténtico optimista hemos visto muchas de las ventajas de esta actitud vital: las personas optimistas son valientes, creativas, sociables, alegres, perseverantes, y se sobreponen mejor a los contratiempos y los fracasos.

Sin embargo, el optimismo no sólo nos permite desarrollar magníficos rasgos de la personalidad: también influye en nuestra salud y determina nuestra felicidad.

Pero ¿existe alguna prueba científica de los beneficios del optimismo? Sí: como se afirma en la enciclopedia online de la Universidad de Rochester, «hay cada vez más estudios científicos que demuestran que las personas optimistas tienden a vivir más y a tener mejor salud física y mental que las pesimistas».[4]

Por ejemplo, los psicólogos Sanjay Srivastava y Kimberly Angelo han comprobado que los

---

4. Beth Holloway y Gail A. Nelson, «Can Optimism Make a Difference in Your Life?», Health Encyclopedia, www.urmc.rochester.edu.

optimistas padecen menos problemas de estrés, inestabilidad emocional, ansiedad y desesperación. Habría así una clara correlación entre optimismo y menores índices de depresión. Ello se debe, por un lado, a que suelen ser extrovertidos y, por tanto, les resulta fácil relacionarse; por otro lado, su alta autoestima los ayuda a afrontar los problemas sin inseguridades ni miedos, vergüenza o ira, donde suele estar el origen de los trastornos mencionados.[5]

Según otros estudios, esta mayor capacidad de superación de los optimistas también se explicaría por su mayor capacidad para anticiparse a los problemas, lo que les permite prepararse para abordarlos. De hecho, las personas positivas no sólo dan más pasos hacia sus metas, sino que a su vez controlan su comportamiento a fin de evitar situaciones de estrés y posibles obstáculos.

Respecto a la influencia del optimismo en la salud, también se ha probado que el sistema inmunológico de los pacientes optimistas funciona me-

---

5. S. Srivastava y K.M. Angelo, «Optimism, Effects on Relationships», en H.T. Reis y S.K. Sprecher (eds.), *Encyclopedia of Human Relationships*, Thousand Oaks, California, Sage Reference Publication, 2009.

jor que el de los pesimistas,[6] y que los primeros son más longevos, tal como demostró el estudio que llevó a cabo el equipo de la clínica Mayo, de Minnesota. Entre los años 1962 y 1965, 839 pacientes completaron un test de personalidad que medía su optimismo. Como resultado, hubo un grupo de 124 optimistas, otro de 197 pesimistas, y 518 pacientes que no se pudieron clasificar. Durante tres décadas se realizó un seguimiento de sus historiales médicos. Al comparar las tasas de mortalidad se descubrió que cada incremento de 10 puntos en el nivel de pesimismo representaba un 19 % más de mortalidad. Emplearon parámetros similares para estudiar el papel que desempeña el optimismo en los embarazos de alto riesgo, en la velocidad de recuperación tras cirugías cardíacas y como parte del tratamiento en adolescentes consumidores de drogas, y de nuevo el grupo de pesimistas obtuvo unos resultados claramente peores.[7]

---

6. Martin E.P. Seligman, *Learned Optimism: How to Change Your Mind and Your Life*, Alfred A. Knopf, Nueva York, 1990 [*Aprenda optimismo: haga de la vida una experiencia maravillosa*, Debolsillo, Barcelona, 2015].

7. T. Maruta, C.R. Colligan, M. Malinchoc y K.P. Offord, «Optimism-Pessimism Assessed in the 1960's and Self-reported Health Status 30 Years Later», Mayo Clinic Proceedings, Rochester, Minnesota, 2002.

Asimismo, está probado que las personas optimistas se cuidan más: si confías en que tu futuro será positivo, harás lo posible para mantenerte en forma y así poder disfrutarlo. De este modo, los optimistas se sienten mejor, con mayor energía y vigor, lo cual multiplica su positividad.

Aparte de mejorar la salud, el optimismo trae consigo mayores índices de felicidad. La capacidad de superación de los problemas y de mantener viva la esperanza, la mayor fortaleza y energía proporcionan muchos más momentos de alegría y éxitos, los cuales también retroalimentan el optimismo.

Por ejemplo, como transmiten seguridad y energía, las personas optimistas suelen encontrar trabajo con mayor facilidad que los pesimistas, son más productivas, porque están acostumbradas a fijarse objetivos y cumplirlos y a aprovechar al máximo sus capacidades, y son muy apreciadas en el entorno laboral, de modo que reciben ascensos más a menudo que los pesimistas.

Por otro lado, como hemos apuntado y comentaremos más adelante, la actitud positiva está estrechamente vinculada a una hormona, la oxitocina, que desempeña diversas funciones, y una de ellas es causar bienestar. Los optimistas saben encontrar siempre motivos para sonreír y disfrutar, y suelen tener más contacto físico con los demás (el cual estimula la segregación de oxitocina) que los pesimistas. Por eso la generan en mayores dosis (y cuanta más se produce, más fácil le resulta al cuerpo generarla) y la contagian: ayudan a las personas de su entorno a segregarla y, por consiguiente, a que se sientan bien.

TIENES POSIBILIDAD

DE ELEGIR,

ERES EL DUEÑO

DE TU ACTITUD.

ELIGE LO POSITIVO,

LO CONSTRUCTIVO.

EL OPTIMISMO ES UNA FE

QUE CONDUCE AL ÉXITO.

BRUCE LEE

CAPÍTULO 2

TU PUNTO DE PARTIDA

El propósito de este libro es ayudarte a recuperar o potenciar tu optimismo. Sin embargo, ésa no es la meta última que debemos alcanzar. Fortalecer el optimismo constituye en realidad un nuevo punto de partida, el único posible para emprender el camino hacia el crecimiento personal y la plenitud. Por eso, en este capítulo no te ofrezco sólo herramientas para medir tu optimismo actual y averiguar cuál es la motivación que predomina en ti. También hallarás un ejercicio que te orientará hacia ese objetivo final: el árbol de la felicidad. Éste nos ayuda a averiguar dónde reside la felicidad para nosotros, de qué ámbitos de nuestra vida depende, y a identificar nuestras carencias para poder trabajarlas y avanzar con seguridad hacia nuestro auténtico destino.

MIDE TU OPTIMISMO

El psicólogo estadounidense Martin E.P. Seligman ha dedicado décadas al estudio del optimismo, y llegó a la conclusión de que éste se puede aprender y de que los optimistas alcanzan mejores resultados en prácticamente todo lo que emprenden. En sus análisis descubrió que el pesimismo y el sentimiento de impotencia, o la incapacidad para encontrar herramientas que nos permitan seguir avanzando, están íntimamente relacionados, y que, por el contrario, a menudo el pesimismo deriva de haber experimentado diversas situaciones complejas para las que no se ha sido capaz de hallar una solución.

En su obra *Aprender optimismo* ofrece un test de medición del optimismo que nosotros hemos adaptado y simplificado. Saber cuán optimistas somos nos ayuda a concentrar adecuadamente nuestros esfuerzos por llevar una vida plena. Resultará de utilidad a los pesimistas, porque les brindará las claves para recuperar su optimismo, y también a quienes ya sean optimistas, pues les ayudará a multiplicar su positividad.

Para realizar este test, responde a las treinta preguntas con la respuesta que creas que te darías a ti mismo en la situación planteada; en muchos casos tendrás que imaginártela porque no la habrás vivido. También es posible que alguna pregunta no parezca adecuada para ti. No te preocupes: visualízate en esas circunstancias y marca la respuesta que esté más cerca de lo que sientes que pensarías.

¿ERES OPTIMISTA?

1. Debes preparar un proyecto en equipo y tu contribución es mucho menor que la de los demás. Es porque...

L. He dormido poco y no podía concentrarme en el proyecto.
F. Todos son más capaces que yo.

2. Preparas un pastel para una celebración, pero no queda demasiado rico. Es porque...

I. Se me da mal la repostería.
A. La receta que he utilizado no es demasiado buena.

3. Cuando hablas en público, pocas veces sientes que te presten realmente atención. Pero hoy, durante una cena, cuentas una historia y todo el mundo está pendiente de tus palabras. Es porque...

K. La historia era realmente interesante.
E. Estaba inspirado/a, he sabido organizar bien el discurso, e incluso la entonación y las pausas han sido perfectas.

4. Anoche fuiste a cenar en grupo y crees que en las fotos que sacaron sales especialmente bien. Es porque...

H. Soy muy fotogénico/a.
J. Mi nuevo corte de pelo me favorece.

5. Preparas una cena en casa y es un éxito absoluto. Es porque...

J. He cocinado especialmente bien.
H. Soy genial organizando cenas.

6. Rescatas de una piscina a un niño que estaba en peligro. Es porque...

B. Siempre sé cómo reaccionar ante una emergencia.
G. Ha dado la casualidad de que estaba en el agua junto al niño y no me ha costado nada ayudarlo.

7. Te compras un teléfono nuevo y quieres importar tus contactos, pero te da error una y otra vez. Es porque...

D. La tecnología no es lo mío.
C. Las instrucciones no son demasiado claras o quizá están mal traducidas.

8. Has ganado en un juego de cultura general. Ha sido porque...

E. Me ha acompañado la inspiración.
K. Casualmente, me han tocado preguntas sobre cuestiones que tengo bastante por la mano.

9. Se te ha olvidado el cumpleaños de alguien muy cercano. Es porque...

I. Tengo una memoria terrible y me olvido de todo.
A. Esta semana he tenido mucho más trabajo del habitual y se me ha pasado.

10. Organizas una fiesta y nadie parece disfrutar. Es porque...

F. No se me da bien organizar fiestas.
L. La fiesta ha sido al aire libre y ha hecho bastante frío e incluso ha llovido un poco.

11. Últimamente discutes mucho con tus compañeros de trabajo. Es porque...

D. Tengo muchos proyectos difíciles entre manos.
C. Mis compañeros no son demasiado amables.

12. Preparas una tarta de cumpleaños y todo el mundo te felicita. Es porque...

B. Soy un/a gran repostero/a.
G. Mi madre me enseñó muy bien a preparar esa tarta.

13. En el trabajo te ofrecen un ascenso, y otros dos compañeros aspiraban a ese puesto. Te han escogido porque...

B. He trabajado mejor y me he esforzado más que ellos.
G. He encontrado una fórmula que permitirá a nuestro departamento ahorrar mucho dinero.

14. No has tenido que ir al médico durante todo el año. Es porque...

E. Me cuido bastante y procuro mantener un buen estado de salud general.
K. Por suerte, este año los virus han pasado de largo.

15. Tienes que regalar un juguete que está de moda y se ha agotado en toda la ciudad. Alguien te dice que quedan unidades en una tienda de las afueras y te indica cómo llegar. Te pierdes porque...

C. La persona que me ha dado las indicaciones se ha confundido.
D. Me he equivocado en un cruce y he circulado mucho rato en dirección contraria.

16. Juegas al póquer con unos amigos y ganas casi todas las manos. Es porque...

J. Hoy la suerte me ha sonreído.
H. Mis amigos estaban cansados porque venían del trabajo, y yo, en cambio, hoy tenía fiesta.

17. Tu pareja quiere que dejéis de veros durante una temporada. Es porque...

L. Siempre que estamos juntos estoy pensando en otra cosa.
F. El trabajo no me permite dedicarle suficiente tiempo.

18. Un amigo te llama para pedirte consejo profesional. Es porque...

G. Conozco bien su sector porque trabajamos juntos durante diez años.
B. Se me da muy bien asesorar a los demás.

19. Tienes una entrevista con el responsable de personal y con el presidente de tu empresa porque tu jefe va a jubilarse y deben decidir quién lo reemplazará. Al terminar te dicen que has pasado a la siguiente fase y sigues siendo candidato. Es porque...

J. He ido muy tranquilo/a a la entrevista y he transmitido serenidad.
H. Siempre se me dan bien las entrevistas.

20. Ganas un partido de tenis contra un amigo que hasta ahora siempre te había ganado. Es porque...

G. He pasado mucho tiempo practicando y preparándome para este partido.
B. Esta vez he jugado con el convencimiento de que iba a ganar.

21. Alguien importante para ti hace un comentario que hiere tus sentimientos. Es porque...

I. Siempre dice lo que piensa, sin filtros.
A. Esa persona tenía un mal día y se ha descargado conmigo.

22. Inviertes en Bolsa pero lo pierdes todo varias veces seguidas. Es porque...

L. Está claro que lo mío no es invertir en Bolsa. No sé nada del tema.
F. He elegido unas acciones equivocadas.

23. Te dicen que tu colesterol se ha disparado y que debes empezar a controlar lo que comes. Tu reacción es...

D. Tengo que empezar a cuidarme de verdad.
C. Coma lo que coma, el colesterol seguirá subiendo porque está en todas partes.

24. Un amigo quiere que seas el padrino/la madrina de su hija. Es porque...

J. Ha visto cómo trato a los niños y le inspiro confianza.
H. Soy una persona que siempre inspira confianza.

25. Cada semana juegas a la misma combinación de la lotería y por fin ganas un premio importante. Es porque...

K. A base de repetir los mismos números, alguna vez tenía que tocarme.
E. Me ha sonreído la fortuna.

26. Te enfadas con tu pareja y acabáis gritando. Es porque...

I. Tu pareja tiene mal carácter y te provoca.
A. Tu pareja ha tenido muy mal día.

27. Llevas muchos años aprendiendo bailes de salón. Cuando por fin bailas con la persona que querías la pisas dos veces. Es porque...

L. Realmente, el baile no es lo mío.
F. Tengo muy mala coordinación para cualquier actividad física.

28. Sin falsa modestia, debo decir que la campaña de publicidad que dirigí salió tan bien porque...

K. Todos los miembros del equipo se esforzaron mucho y le dedicaron muchas horas e interés al proyecto.

E. Durante todo el proyecto supervisé de cerca al equipo para asegurarme de que cada cual hacía exactamente lo que debía.

29. Nunca llegas a fin de mes con dinero en el bolsillo y debes acabar pidiéndolo prestado. Es porque...

I. No sé controlarme y siempre acabo comprando cosas que no necesito.
A. Estoy pasando una mala racha.

30. Últimamente duermes mal y te despiertas muchas veces. Es porque...

I. Soy incapaz de relajarme.
A. Este mes he tenido más trabajo de lo habitual y el estrés me pasa factura.

Ahora rellena la tabla de puntuación marcando tus respuestas en el recuadro correspondiente a cada pregunta.

	A	B	C	D	E	F	G	H	I	J	K	L
1												
2												
3												
4												
5												
6												
7												
8												
9												
10												
11												
12												
13												
14												
15												
16												
17												
18												
19												
20												
21												
22												
23												
24												
25												
26												
27												
28												
29												
30												
TOTAL												

Interpretación del resultado

Suma el total de puntos de las columnas I, D y F: ____

Éste es tu grado de pesimismo ante situaciones negativas:

- Entre 0 y 6 puntos: eres optimista cuando ocurre algo malo.
- 7 puntos: no eres ni optimista ni pesimista.
- Entre 8 y 14 puntos: eres pesimista cuando ocurre algo malo.

Suma el total de puntos de las columnas H, E y B: ____

Éste es tu grado de optimismo ante situaciones positivas:

- Entre 10 y 15 puntos: eres optimista cuando ocurre algo bueno.
- Entre 8 y 9 puntos: no eres ni optimista ni pesimista.
- Entre 0 y 7 puntos: eres pesimista cuando ocurre algo bueno.

Resta el primer resultado del segundo resultado: ____

Éste es tu nivel total de optimismo:

- 4 o más puntos: eres un/a auténtico/a optimista.
- Entre 2 y 3 puntos: no eres ni optimista ni pesimista.
- 1 o 0 puntos: eres un/a auténtico/a pesimista.

CONOCE TU MOTIVACIÓN

En el capítulo anterior hemos hablado de la motivación como uno de los elementos esenciales del optimismo, y de cómo conocer la nuestra nos ayudará a identificar posibles problemas o a potenciar nuestra positividad, a decidir en qué centrar nuestros esfuerzos y averiguar qué camino nos resultará más fácil seguir.

Con este ejercicio sabrás si predomina en ti la motivación integradora o la instrumental. Marca todas las frases que reflejen tu forma de pensar.

1. El objetivo más importante en mi vida es hacer las cosas bien.	
2. El objetivo más importante en mi vida es avanzar y superarme.	
3. Llevarme bien con mi familia y mis amistades es más importante que mi progreso personal.	
4. Mi éxito profesional y mis logros en la vida son lo más importante.	
5. Quienes logran el éxito son los que han nacido para triunfar.	
6. Quienes logran el éxito han trabajado duro cada día para ello.	
7. Para tener éxito necesitamos la ayuda de los demás.	
8. Para tener éxito hay que esforzarse mucho.	
9. La ambición no es lo más importante en la vida. Hay otras cosas.	
10. La ambición resulta fundamental en la vida.	
11. Lo más importante en cualquier grupo es el ambiente.	
12. Lo más importante en cualquier grupo es quién manda.	

- Número de respuestas pares: ____
- Número de respuestas impares: ____

Si has tenido más respuestas pares, tu motivación es instrumental: buscas objetivos concretos. Si has tenido más respuestas impares, es integradora: antepones el bien común a tus propios retos.

EL ÁRBOL DE LA FELICIDAD

¿Cuántas veces nos hemos sentido tristes o desmotivados pero hemos sido incapaces de explicarnos por qué? Eso genera impotencia: no sabemos qué ocurre y, en consecuencia, tampoco dónde puede estar la solución. Tanto para estas situaciones como para cuando ya estamos dispuestos a trabajar nuestro optimismo, el árbol de la felicidad es una herramienta gráfica extremadamente útil. Nos permite hacer una foto fija de nuestra felicidad actual, comprender en qué aspectos estamos colmados y cuáles son nuestras carencias. Así visualizamos nuestra realidad claramente y podemos tomar las decisiones adecuadas para seguir avanzando hacia un mayor nivel de alegría y satisfacción.

En este árbol vamos a representar nuestro yo. En primer lugar, las raíces son nuestros orígenes: el entorno en el que crecimos, las experiencias y el aprendizaje acumulados. Conviene conocerlos bien y, en ocasiones, analizarlos, pero forman parte del pasado, de modo que son inamovibles.

En segundo lugar, el tronco representa nuestra personalidad actual: nuestra forma de ser, nuestros gustos, nuestras ilusiones y nuestros sueños, nuestro entorno y nuestra vida cotidiana.

En lo alto del tronco, en el nacimiento de las ramas, vamos a situar las decisiones que hemos tomado en la vida en cada uno de sus ámbitos: académico, familiar, laboral, económico... De cada decisión surge una rama, que se orienta hacia una meta. Con cada paso que hemos dado para alcanzarla, la rama ha crecido. Si hemos logrado nuestro objetivo, la rama se cubre de hojas verdes. En cambio, si se ha interrumpido la búsqueda de esa meta, la rama deja crecer, y si la abandonamos, se seca y atrofia.

Es así como se forma nuestro árbol de la felicidad. Al igual que un árbol sano, cuantas más ramas y hojas sanas tenga, mejor. Si únicamente hemos tomado decisiones en una dirección (por ejemplo, nuestra economía), el árbol estará desequilibrado, torcido. Cuantas más decisiones en diferentes ámbitos adoptemos y más metas alcancemos, más robusta, frondosa y verde será la copa de nuestro árbol, y tendremos una mayor variedad de fuentes de felicidad.

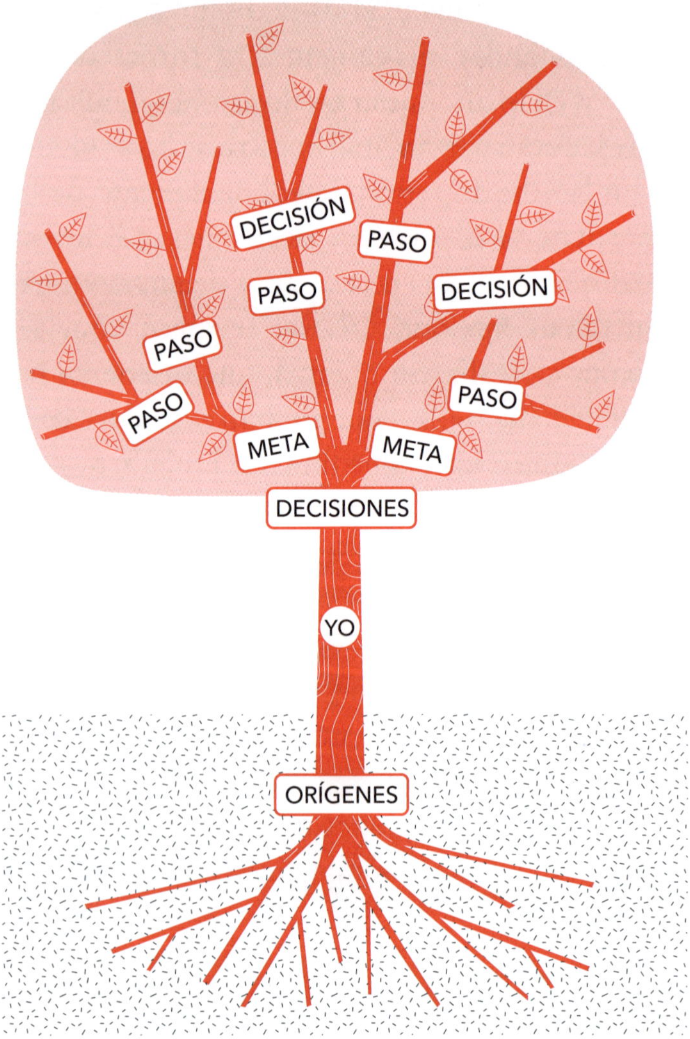

A continuación voy a guiarte para que dibujes tu árbol de la felicidad actual y diseñes tu plan de acción para mejorar posibles carencias. Así que toma lápiz (¡también uno verde!) y papel...

1. El esqueleto del árbol

Dibuja las raíces (tus orígenes), el tronco (tu yo actual) y, en lo alto, sitúa las decisiones de las que nacen las ramas principales de tu vida, las esferas que más te importan. Puedes hacer más gruesas las que consideres esenciales. Si en cada esfera has adoptado nuevas decisiones, de cada rama nacerán ramas menores. Incluye también aquellas decisiones que hayan quedado en suspenso: serán ramas atrofiadas, que no han crecido. Ponle nombre a cada rama que dibujes. Por si te son de utilidad, te sugiero algunos ámbitos:

- la familia
- la amistad
- el amor
- la salud
- la formación
- el trabajo
- la vida social

- la paz interior
- el hogar
- el ocio
- el sexo
- el desarrollo personal
- la espiritualidad
- el dinero

Una vez hayas escogido los ámbitos y los hayas representado, realiza un primer análisis: ¿las ramas están equilibradas? ¿Has tomado muchas decisiones solamente en algunos campos, o los has trabajado todos? ¿Hay algo que te sorprenda? ¿Echas de menos alguna rama? ¿Cuántas ramas atrofiadas hay?

2. Hojas verdes y diagnóstico

Dibuja hojas verdes en cada rama, tanto en las principales como en las menores. Las hojas representan cuán feliz te sientes en ese ámbito de tu vida. A más hojas y mayor exuberancia, mayor es la felicidad que sientes en esa esfera en concreto.

Estudia con detenimiento las hojas. ¿Dónde ves huecos? ¿Dónde hay pocas hojas? ¿Identificas tus carencias?

A fin de sistematizar el análisis, pregúntate respecto a cada rama o ámbito cuán satisfecho te sientes y apunta una de estas respuestas:

- Muchísimo.
- No está mal.
- Regular.
- No mucho.
- Muy poco.

3. Plan de ataque

Ha llegado el momento de diseñar un plan de acción para que tu árbol presente una copa ancha, frondosa y viva.

En primer lugar, confecciona una lista de los ámbitos en los que hayas respondido «muy poco». Para cada uno, busca un objetivo que creas que puede hacerte feliz a largo plazo. Así, dibujarás ramitas menores en las ramas mayores. No obstante, debes buscar un solo objetivo por rama. Es muy importante tener esto presente: de lo contrario, puedes saturarte o agotarte, y tus pasos hacia un objetivo pueden interferir con los de otros.

Ya sabes qué ámbitos debes mejorar y qué objetivos son potencialmente fuentes de mayor felicidad. Ahora debes pensar qué pasos dar a fin de alcanzarlos. Para que la toma de decisiones y los avances te resulten más fáciles, ten presentes las herramientas para el optimismo que recoge el capítulo 3: así trabajarás en paralelo tu optimismo, tu gran aliado para sentirte capaz, enérgico y positivo hacia la consecución de tus objetivos.

Pongamos un ejemplo: imagina que en uno de esos ámbitos, el de la salud, la rama se muestra vacía y atrofiada, y quieres desarrollarla para encontrarte mejor.

Quizá el problema es que no tienes el peso adecuado para tu constitución, y recuperándolo te sentirías sano y fuerte. Así, tu decisión es alcanzar tu peso ideal, y la meta, perder o ganar peso. Recuerda definir la meta con mucha claridad: «quiero perder/ganar *x* kilos», o «quiero llevar la talla de ropa *x*». Además, pon un plazo y una fecha límite realistas.

Una vez hay un objetivo claro para una de las ramas principales, en este caso la de la salud, es preciso definir cada paso a seguir. En nuestro ejemplo, anotaríamos algo parecido a esto:

También puedes subdividir las ramas principales en ramas menores y éstas en ramitas aún más pequeñas: cuanto menores sean los pasos que nos planteemos, más sencillo resulta medir el avance y planificar la ruta.

Vamos a ilustrarlo con otro dibujo:

Por cada peldaño superado o paso dado, dibuja hojas verdes en la ramita. Para cuando hayas alcanzado la meta, la rama secundaria (sentirte mejor con el peso ideal) estará cubierta de verde. Si hay más objetivos que podrías fijar en ese ámbito, plantéatelos a continuación, hasta que esa rama principal esté robusta y frondosa.

Debes evitar seleccionar un mismo campo tres veces seguidas y establece objetivos alternando los diferentes ámbitos en los que estás muy poco satisfecho. Define de nuevo con claridad la decisión, la meta y los pasos a dar. Un reto importante es enfrentarte a un conjunto de ramitas atrofiadas cercanas entre sí: éstas suelen corresponderse a terrenos resbaladizos, en los que nos sentimos incómodos o poco capaces de tomar las decisiones necesarias para alcanzar cierta satisfacción. Los motivos de nuestra inseguridad pueden ser muchos y variados, pero en esencia reflejan miedo y duda, y debes trabajarlos en tu proceso general de recuperación del optimismo.

Por otro lado, si te cuesta alcanzar los objetivos, analiza la decisión adoptada y replantéatela. Tal vez debas fijarte metas más fáciles de alcanzar o pasos más pequeños.

5. Cada vez mejor

Una vez has mejorado esos ámbitos más difíciles, aborda la lista de los campos en los que hayas respondido «no mucho».

Cuando todas nuestras ramas alcancen el nivel «regular» y el árbol esté frondoso, verde y equilibrado, nos sentiremos mucho más felices y mantenerlo así nos resultará más sencillo.

6. Un árbol nuevo

Con este fácil y práctico ejercicio visual habrás confeccionado una lista de prioridades en cada rama importante de tu vida. Repítelo cuantas veces te resulte necesario para ir poblando la copa del árbol, rellenando los huecos y haciendo renacer las ramas atrofiadas.

Cuando hayas alcanzado los objetivos de todas las ramas, vuelve a empezar y dibuja tu nuevo árbol de la felicidad. ¿A que es un ejemplar magnífico? Cada vez estás más cerca de una vida plena. Para que el árbol no se marchite sino que, al contrario, siga creciendo, esa vida plena girará en torno al eje del optimismo que hay en ti.

TODO LO QUE SOMOS
ES EL RESULTADO DE LO
QUE HEMOS PENSADO.

BUDA

CAPÍTULO 3

UN PLAN DE VIAJE

Ya sabes en qué consiste el auténtico optimismo: es el que nos llena de energía, nos permite afrontar las adversidades, desarrollar nuestro potencial y disfrutar plenamente de la vida. También has realizado los ejercicios para determinar qué nivel de optimismo tienes, cuál es tu motivación y qué carencias te impiden sentirte satisfecho, ser todo lo feliz que podrías ser.

En este capítulo vamos a empezar el viaje hacia la recuperación o potenciación del optimismo. Ya te he guiado para que descubras cuál es tu punto de partida: ahora voy a ofrecerte todas las herramientas que he elaborado a lo largo de los años para crear mi método: el coaching en optimismo.

EL COACHING EN OPTIMISMO

Seguramente conoces la palabra *coaching* o como mínimo te resulta familiar. Proviene del ámbito del deporte, y es el término inglés para *entrenamiento*. Por extensión, desde hace un tiempo se aplica a la labor de los profesionales que ayudan a sus clientes a alcanzar objetivos concretos guiándolos y ofreciéndoles herramientas personalizadas para que mejoren algunas de sus habilidades, superen los límites que puedan haberse impuesto a sí mismos, y sepan definir sus metas con claridad.

Dichos objetivos pueden enmarcarse en diversos ámbitos: laborales, sociales, emocionales, empresariales... También pueden ser aún más especializados: hay coaches del duelo, de la salud, de la creatividad... Y, como es mi caso, coaches del optimismo.

Es preciso señalar algo que en ocasiones lleva a malentendidos o desconfianza: los coaches no somos profesionales de la salud, así que no tratamos a pacientes, sino que establecemos una relación profesional con clientes. De hecho, en los estatutos de la International Coach Federation se declara que el coaching no sustituye la psicoterapia, y que hay que recurrir a ella si en el cliente se detectan síntomas emocionales que interfieran en el proceso y que afecten al conjunto de su vida. Del mismo modo que un entrenador deportivo nunca practicará manipulaciones de fisioterapia, los coaches no intervendrán en cuestiones de salud mental.

Por otro lado, los coaches tampoco somos mentores, asesores o consejeros: enseñamos a las personas a descubrir sus recursos innatos y a potenciarlos al máximo. No damos respuestas, sino que formulamos preguntas para que los clientes se conozcan mejor, y después diseñamos juntos un plan de acción para alcanar un fin concreto, ayudándolos a abrir un abanico de soluciones y recursos que ellos solos difícilmente podrían haber desplegado.

Así pues, un coach habla poco y escucha mucho. Con mano casi invisible, guía al cliente para que despierte una serie de conocimientos que posee pero tiene infrautilizados.

Mi especialidad, el coaching en optimismo, puede aplicarse a todos los ámbitos de la vida: aspectos personales, sociales, emocionales, laborales, empresariales... Sus herramientas y estrategias están diseñadas para que los clientes afronten los problemas no sólo con mayor claridad, sino también desde una perspectiva positiva.

De este modo, combinando los beneficios del coaching y los del optimismo, ofrece unos resultados duraderos que ayudan a alcanzar más y mejores metas, tanto a corto como a largo plazo: las destrezas adquiridas no sirven para un único objetivo, sino que permiten perfeccionar e integrar una actitud positiva hacia la vida, que podrá ser así más saludable y satisfactoria.

Respecto al método, tal como refleja este libro, lo primero que hace el coach en optimismo es valorar el nivel de optimismo de sus clientes, así como sus necesidades, carencias o problemas. Entonces comienza la labor de multiplicarlo o recuperarlo presentándoles las herramientas adecuadas para que finalmente aborden la vida o el trabajo con mayor alegría y con una visión más amplia, enérgica y productiva, con una motivación sólida y duradera, para no dejar de avanzar en su desarrollo personal o profesional.

HERRAMIENTAS PARA EL OPTIMISMO

Fáciles, prácticas, inagotables, combinables entre sí, eficaces: así son las herramientas que vas a encontrar en este apartado. No sólo resultarán útiles para las personas pesimistas que quieren recuperar la alegría de vivir, sino también para los optimistas que atraviesan dificultades y ven mermada su antigua energía positiva.

En primer lugar, veremos algunos de los recursos que nos ofrece nuestro propio cuerpo: se trata de los llamados mensajeros químicos, los neurotransmisores y las hormonas. Son sustancias que genera el organismo y que intervienen en muchos procesos, entre ellos, la regulación de nuestras emociones. Como hemos apuntado en el capítulo 1, el optimismo se nutre de aquellas que contribuyen de una u otra forma a que nos sintamos bien. Veremos cómo estimular su liberación: conocer nuestro cuerpo y su funcionamiento nos permite tomar un mayor control sobre él y, por tanto, optimizar su estado.

Después hablaremos, por un lado, de unas herramientas de acción inmediata, los optimizadores del estado de ánimo, estrechamente relacionados con los mensajeros químicos, y, por otro lado, de recursos cuyo efecto perdura: los potenciadores del optimismo.

Sobre hormonas y neurotransmisores

Los mensajeros químicos son las sustancias que fabrica nuestro organismo (y el de muchos otros animales) para que las células se comuniquen entre sí. Distinguimos dos grandes grupos: las hormonas, generadas por las glándulas endocrinas, que circulan por el torrente sanguíneo y llegan a los tejidos y todos los órganos, y los neurotransmisores, que libera el cerebro y sólo comunican entre sí las células cerebrales, esto es, las neuronas. Todos ellos intervienen en numerosos procesos, como el crecimiento, el metabolismo, la sexualidad, las funciones del sistema nervioso... Pero vamos a centrarnos en los que trabajan a nivel cerebral e inciden en nuestro estado de ánimo.

Por ejemplo, la adrenalina y el cortisol son hormonas segregadas en situaciones de peligro: nos ponen en estado de alerta, multiplicando nuestra concentración y preparando al cuerpo para una posible lucha o la huida. Por eso las liberamos cuando estamos nerviosos, ante peligros reales y también ficticios, creados por nuestra mente. Pueden producirse alteraciones que provoquen un exceso de segregación y, en consecuencia, ansiedad y estrés. En cambio, la oxitocina, hormona de la que ya hemos hablado, se libera al percibir cariño, a través de un contacto físico agradable, o en el momento de dar a luz, para fortalecer el vínculo entre madre e hijo, y produce sensaciones placenteras.

Ciertas conexiones neuronales son estimuladas directamente por determinadas circunstancias o acciones; todas se establecen a edades muy tempranas y se fortalecen a través de la repetición y la verificación para convertirse en algo mecánico. Sin embargo, esas conexiones pueden no estar automatizadas: personas que han sufrido traumas en la primera infancia, abandono o maltrato, no liberan automáticamente oxitocina ante las muestras de cariño.

Por suerte, hoy en día sabemos que podemos estimular la segregación de los neurotransmisores y de muchas de las hormonas del optimismo casi a voluntad. La medicina ha realizado numerosos estudios mediante técnicas de toma de imágenes, como las resonancias magnéticas y las tomografías, para comprobar la liberación de las sustancias ante diferentes estímulos y establecer una clara relación de causa y efecto.

A continuación presentamos las sustancias químicas más vinculadas al optimismo, y ofrecemos claves para potenciar su producción a fin de mantener o aumentar nuestras sensaciones positivas y, así, mejorar nuestro bienestar general. Cabe señalar que todas tienen mecanismos de liberación similares y se metabolizan, es decir, se absorben, con relativa rapidez en nuestro organismo, de modo que la duración de los efectos que producen es limitada. No obstante, en algunos casos, como el de la oxitocina, cuanto más frecuentemente las segregamos, mayores son las dosis que generamos, y lo hacemos con mayor facilidad.

Oxitocina

Si bien los factores que determinan el optimismo son numerosos, queremos hacer hincapié en esta sustancia porque podemos producirla de forma casi voluntaria, y asimismo ayudar a los demás a liberarla. También conocida como la «hormona del amor», está relacionada con unos altos niveles de optimismo. Una persona con mayor concentración de oxitocina en la sangre tiene más pensamientos positivos, alegría y energía que alguien con niveles inferiores. Como hemos señalado, su liberación se puede estimular a través de las caricias, los besos, los abrazos, con una sonrisa, disfrutando de la compañía de nuestra mascota e incluso observando interacciones cariñosas entre otras personas.

Unos elevados niveles de oxitocina circulando diariamente en nuestra corriente sanguínea serán una valiosa ayuda para trabajar los otros aspectos que nos harán multiplicar o recuperar el optimismo.

Dopamina

Ya hemos mencionado este neurotransmisor en el apartado acerca de la motivación, para la cual es fundamental: la dopamina despierta nuestra energía para avanzar hacia nuestros objetivos, y la liberamos a medida que vamos alcanzándolos (es el llamado mecanismo de recompensa), produciéndonos bienestar, aunque durante un período muy breve. También ayuda a reducir la ansiedad y mejora el estado de ánimo, así que desempeña un importante papel a la hora de nutrir y mantener nuestro optimismo.

Los coaches en optimismo solemos recomendar a nuestros clientes que se fijen metas con pasos pequeños y fáciles de alcanzar para estimular una liberación constante de dopamina que los cargue de energía y motivación.

La dopamina interviene asimismo en la regulación de las emociones, la memoria, la función motora y la coordinación de algunos movimientos musculares. Por eso un déficit de esta sustancia puede producir aletargamiento, desánimo, falta de interés e incluso influir en el desarrollo de enfermedades graves, como el párkinson, así que conviene estar bien surtidos de ella. ¿Cómo lograrlo?

Además de como recompensa por la consecución de un objetivo, los seres humanos segregamos dopamina en otras situaciones. Por ejemplo, un gran estímulo es la gratitud: sentirla y expresarla activa su liberación. El mismo efecto tiene la evocación de recuerdos agradables: cuando nos dejamos llevar por la rememoración de algún suceso placentero, nuestro cerebro nos regala una buena dosis de esta sustancia.

No obstante, un exceso de dopamina puede resultar tremendamente dañino: se ha demostrado que está vinculado a enfermedades como la esquizofrenia y el trastorno bipolar, así que no debemos recurrir a remedios farmacológicos para estimularla, sino limitarnos a provocar de forma natural su gratificante liberación.

Endorfinas

Estos neurotransmisores son opiáceos (de composición molecular similar a los derivados del opio) que genera nuestro cuerpo como analgésico y sedante natural, para calmar el dolor tanto físico como emocional y ayudarnos a afrontar el miedo, las malas experiencias y el estrés. Ese efecto sedante crea a su vez una profunda sensación de bienestar e incluso euforia, por lo que también se las conoce como las «moléculas de la felicidad».

En cambio, su déficit provoca alteraciones del estado de ánimo: episodios depresivos, ansiedad y trastornos del sueño. Para evitarlo, podemos estimularla de varias formas: por ejemplo, realizando ejercicio aeróbico, es decir, el que aumenta la frecuencia cardíaca, como caminar, correr, incluso bailar y mantener relaciones sexuales. También ayudan a su liberación el consumo de sustancias picantes, la risa, la exposición a la luz del sol, la meditación y llevar a cabo acciones que contribuyan al bienestar de los demás. Finalmente, resulta imprescindible tener un sueño de calidad, reparador y suficiente para segregar sin problemas esta sustancia esencial para nuestro bienestar.

Serotonina

Resulta curioso el hecho de que la mayor concentración de este neurotransmisor en nuestro cuerpo se encuentre en el tracto gastrointestinal. Se trata de una sustancia que interviene en numerosos procesos, y sobre todo es crucial porque regula la actividad de otros neurotransmisores, como la dopamina y la adrenalina, así como la digestión y el apetito, de modo que condiciona el aporte al cuerpo de energía, y de la propia serotonina, a través de la alimentación.

Se sabe que el déficit de esta sustancia contribuye a los trastornos depresivos, de ansiedad y de insomnio. A su vez, el estrés reduce drásticamente nuestro nivel de serotonina, así que debemos mantenerlo a raya para evitar estados carenciales que nos priven de la felicidad, serenidad y concentración que nos brinda esta sustancia que tanto condiciona nuestro bienestar psicológico.

También es importante seguir una dieta sana y equilibrada, con un aporte suficiente de vitaminas, y exponernos a la luz solar al menos unos minutos al día, siempre que sea posible.

Otros neurotransmisores y hormonas

Entre el centenar de mensajeros químicos que se conocen hay otros que inciden en nuestro bienestar. Por ejemplo, la melatonina, la hormona que regula nuestro reloj biológico, el sueño y el descanso, tan determinantes en nuestro estado de ánimo y energético, y que depende de la exposición a la luz del sol: su segregación aumenta cuando anochece.

Otro neurotransmisor que no quiero dejar de comentar es la acetilcolina, que regula nuestras capacidades de aprendizaje y de concentración, pues mantiene activa la corteza cerebral. También influye en la memoria, porque nos ayuda a formar los recuerdos. Podemos aportar al cuerpo una dosis suplementaria de esta sustancia consumiendo alimentos como los cacahuetes y los huevos.

Finalmente, mencionaremos el ácido gamma-aminobutírico, que mantiene una función cerebral equilibrada e induce a estados de relajación. Practicar yoga y mindfulness (atención plena), los ejercicios de respiración profunda y el consumo de alimentos ricos en ácido glutámico (almendras y plátanos) puede ayudarnos a regular o potenciar la presencia de esta sustancia en nuestro cuerpo.

En el siguiente apartado veremos otras formas de estimular fácilmente la segregación de algunas de estas sustancias naturales que inciden en nuestro bienestar, para estimular a la vez el pensamiento positivo siempre que lo necesitemos.

Los optimizadores del estado de ánimo

Todos tenemos días en que nos levantamos desanimados, momentos en que de repente nos invaden la pesadumbre, la tristeza, cierta angustia o el victimismo, o sufrimos disgustos y experiencias desagradables que nos producen desazón. Sabemos que no podemos dejarnos llevar por esas emociones, pero a veces resulta muy difícil desembarazarse de ellas. En esas circunstancias resultan de gran utilidad los optimizadores del estado de ánimo: se trata de recursos que nos permiten mejorar nuestro humor de forma casi instantánea, nos dan un primer empujón para encarar los siguientes pasos con serenidad y trabajar, si lo necesitamos, los recursos más duraderos, los potenciadores del optimismo, para afianzar un enfoque de la realidad amplio, positivo y productivo.

Como veremos, su eficacia reside en que estimulan las sustancias naturales de las que hemos hablado en el apartado anterior. A continuación os ofrezco seis optimizadores de eficacia comprobada.

Tu música optimista

Que escuchar o interpretar música influye en nuestro ánimo no sólo es algo que todos hemos comprobado, sino también un hecho demostrado científicamente: numerosos estudios revelan que la música que nos gusta o que significa algo especial para nosotros incide en los niveles de serotonina, dopamina, endorfinas y oxitocina, entre otros. Si se trata de música positiva y con un ritmo y unas tonalidades determinados, resulta motivadora, de ahí que se utilice también en gimnasios o en tiendas para incentivar el consumo.

Así que, para momentos de desazón, podemos tener preparada una selección de nuestras canciones o piezas alegres favoritas, esas que siempre nos invitan a sonreír, incluso a bailar o cantar. Podemos guardarla en el dispositivo en el que solamos escuchar música, sea en formato digital o CD. Cuando nos embargue el desánimo, debemos escuchar esa selección atentamente durante un mínimo de diez minutos. Nuestro ánimo mejorará, muy especialmente si nos dejamos llevar y seguimos el ritmo o incluso bailamos o canturreamos un poco.

La sonrisa infalible

Ya hemos visto que el auténtico optimista ríe y sonríe. Hay circunstancias en que nos sentimos incapaces de hacerlo. Sin embargo, está comprobado que, si forzamos una sonrisa durante al menos cinco minutos seguidos, nos sentimos mejor. ¿Por qué? Porque el cerebro recibe la información de los músculos que intervienen en la sonrisa e interpreta que hay algo que te hace sentir bien, y colabora liberando serotonina y otros mensajeros químicos que cambian nuestro estado de ánimo. Puede que este ejercicio nos cueste un poco al principio, que nos dé vergüenza o nos haga sentir incómodos, pero ¡os aseguro que funciona! Y es más potente aún si logramos sonreír también con los ojos, simulando la sonrisa genuina.

Una meta alegre al día

Esta sencilla herramienta resulta de gran ayuda cuando pasamos una mala racha: consiste en proponernos un objetivo positivo que cumplir a lo largo del día. Para esas jornadas en las que nos levantamos muy cansados o apagados y no se nos ocurre nada, podemos tener preparada una lista de metas alegres, que iremos alimentando a medida que las vayamos cumpliendo, y escoger una. Deben ser propósitos sencillos que nos animen. Por ejemplo: «voy a sonreír veinte veces»; «les diré algo bonito a todos mis seres queridos»; «pasearé por mi parque favorito»; «dedicaré diez minutos a recordar algunos de los momentos más felices de mi vida»... La sola expectativa de obtener una sensación agradable nos ayudará a afrontar la jornada con mayor positividad.

Metas alegres en compañía

Ésta es una variante de la herramienta anterior: el objetivo es asegurarnos de que vamos a compartir una experiencia agradable con nuestros seres queridos, sean la familia, los amigos, la pareja... Sencillamente, debemos acordar con los implicados qué objetivos alegres nos planteamos y cuándo vamos a cumplirlos. Como en el caso anterior, podemos tener preparada una lista para cuando nos fallen la inspiración o el ánimo. Aquí te ofrezco algunas ideas: «este fin de semana vamos a abrazarnos por lo menos dos veces cada día»; «este sábado vamos a ayudarnos mutuamente en una tarea». Así no sólo vemos una actividad alegre en el horizonte, sino que estrechamos vínculos con los seres queridos y de paso invitamos al cerebro a segregar endorfinas, estimulado por el hecho de producir bienestar en los demás.

El mantra diario

Con esta herramienta pasamos de la acción al pensamiento: consiste en formular una frase alegre y optimista que nos repetiremos el mayor número de veces posible a lo largo del día. Esa frase debe cumplir dos requisitos: ha de ser afirmativa y en presente de indicativo (nunca negativa ni en tiempo futuro o condicional). Tiene que hablar de nosotros y de cualquier cuestión que nos anime. Por ejemplo: «cuando sonrío, los demás me responden con una sonrisa»; «hoy obtengo los mejores resultados posibles en todas las tareas que emprendo»; «es una gran suerte tener a tal persona en mi vida»...

Podemos repetir el mantra tanto oralmente como por escrito. Esa repetición por un lado nos ayuda a centrar la mente, a concentrarnos en nosotros, en el ahora, y por otro, a recordarnos algo estimulante y positivo que acabará generando una sensación real de bienestar y esperanza.

Historias optimistas

Hemos visto que podemos estimular la liberación de oxitocina observando interacciones cariñosas entre otras personas. En momentos de desánimo, para no caer en el victimismo, ampliar nuestra perspectiva del mundo e incluso desconectar un poco de nosotros mismos, podemos ver una película o leer un libro en los que se hable de cualquier forma de amor o bondad, para estimular la oxitocina, y también intentar alegrarnos y acabar riendo con alguna serie, película, libro o programa de humor.

Como hemos señalado, los optimizadores del estado de ánimo funcionan a corto plazo. También sus efectos son limitados. Así, cuando tenemos que afrontar un cambio profundo para abandonar el pesimismo a favor de un enfoque de la vida positivo y productivo, o bien alimentar o suplir un optimismo mermado por las circunstancias, deberemos recurrir además a un conjunto de herramientas de resultados sólidos y duraderos. El propósito de estas estrategias es modificar nuestros hábitos: no nuestras costumbres cotidianas, sino nuestra forma de pensar habitual. Este conjunto de recursos son los potenciadores del optimismo.

Los potenciadores del optimismo

Como hemos explicado en el capítulo 1, las personas pesimistas suelen castigarse por sus fracasos y sus malas experiencias: son autoexigentes, muy duras con ellas mismas, y creen que no merecen que las cosas les salgan bien ni, incluso, ser queridas. Todo ello deriva de una baja autoestima, una enorme inseguridad, que puede tener diversos orígenes. Ello les impide ser realistas respecto a sus propias capacidades y las bloquea: al creer que en su caso el fracaso es inevitable, para qué intentar mejorar algo. Pocas veces considerarán que no son ellas las responsables de los problemas, sino que hay factores externos determinantes, ni verán el fracaso como un aprendizaje, sino como la confirmación de que su enfoque de la vida es el adecuado. Por tanto, tampoco buscan soluciones en el exterior y se rinden de entrada.

Por su parte, los optimistas consideran que los problemas son obstáculos que se pueden superar, que basta con dar con la solución adecuada. Por ello no cejan en su empeño por seguir adelante.

¿Cómo se puede cambiar esta actitud tan arraigada en la mente de las personas pesimistas, esos pensamientos irracionales? Aquí ofrecemos tres recursos para ello, y también para aquellos que deseen multiplicar su optimismo.

El diario de conversaciones propias

Sabemos que construimos el mundo a través del lenguaje: lo que no podemos verbalizar, para nosotros no existe. También somos conscientes de cómo la forma de expresar una idea es fundamental: por ejemplo, no es lo mismo decirle a alguien que lo hace todo mal que decirle que es capaz de hacer las cosas mejor. Su respuesta será muy diferente. Del mismo modo, debemos analizar cómo nos dirigimos a nosotros mismos. Ante un contratiempo o un disgusto, ¿qué pensamos? ¿Que siempre nos ocurren esas cosas? ¿Que la vida es irremediablemente injusta? ¿Que la historia se repite y no nos sorprende? Para controlar los mensajes que nos enviamos podemos llevar un diario, que vamos a denominar el diario de conversaciones propias. En él anotaremos esos diálogos internos y mudos que mantenemos en nuestra mente.

Pongamos un ejemplo: te sientas a la mesa a comer y, a la hora de servirte el agua, la derramas toda. Empiezas entonces a soltar una retahíla de frases negativas: «qué desastre», «soy tan torpe...», «hasta las cosas más sencillas me salen mal», «siempre igual», «hay que ser inútil...».

En situaciones como ésta, debemos hacer el esfuerzo de tomar nota de esas frases. Llevar el diario durante una semana nos ayudará a visualizar qué tono usamos con nosotros y qué mensajes nos enviamos.

Si no tenemos por costumbre escribir sobre papel, podemos apuntar las entradas del diario en alguno de nuestros dispositivos, o recurrir a una grabadora o a las notas de voz del teléfono móvil.

Una vez lo hayamos redactado y repasemos su contenido, comprenderemos que nuestras conversaciones propias no son constructivas ni positivas. Entonces debemos buscar la forma de cambiarlas.

Volviendo al ejemplo anterior, la serie de frases nos parecen naturales en el momento, y se corresponden con una visión negativa de nosotros mismos muy arraigada. Pero no son ni realistas ni naturales: al derramar el agua, uno sencillamente comete un pequeño error de cálculo que además no tiene ninguna consecuencia grave.

La única manera de cambiar esos mecanismos automáticos consiste en sustituirlos por otros. Debemos hacer el esfuerzo consciente de decirnos afirmaciones positivas que contradigan las habituales. Por ejemplo: «vaya, esta vez no he calculado bien», «no pasa nada, enseguida seco el agua»...

Hemos de asimilar que no todo es culpa nuestra, que tenemos derecho a equivocarnos, que el universo no conspira para complicarnos la existencia. Así, cuando se produce una circunstancia desagradable, debemos preguntarnos si realmente la hemos provocado nosotros y, en tal caso, qué consecuencias tiene y si podríamos haberla evitado. Si no la hemos provocado nosotros o si era imposible evitarla, no debemos culparnos y castigarnos por ella. Por ejemplo, podemos decirnos frases como éstas: «este problema se debe a circunstancias ajenas a mí, se ha producido sin mi intervención; no me culpo por él ni es mi deber resolverlo o sentirlo como mi responsabilidad».

Si repetimos este ejercicio con insistencia y nos obligamos a decirnos cosas positivas, poco a poco serán éstas, y no las negativas, las que aparecerán en nuestra mente de forma automática.

La voz de la conciencia optimista

El objetivo final de esta herramienta es quizá el más importante de todos los que debemos alcanzar en nuestro camino hacia una vida plena. Acabamos de hablar de esa vocecita interior que riñe, censura, castiga a las personas negativas cuando cometen un error o sufren un contratiempo, y es realmente uno de sus peores enemigos. Pero si la convertimos en una voz alegre, motivadora, inspiradora, puede ser nuestra mayor aliada. Debemos provocar que nos envíe mensajes cargados de confianza y los repita una y otra vez, sin límites. De esta forma nos llenará de esperanza y nos impulsará hacia el cambio que necesitamos. Obliguémosla a callarse todos los comentarios destructivos que se le ocurran ante los contratiempos o errores, que se alce en contra del pesimismo. Cuando la oigamos decir: «soy un desastre», «todo me sale mal», silenciémosla y hagamos que hable desde la perspectiva contraria: «podría haber sido mucho peor», «nadie es perfecto», «hoy lo he hecho mejor que ayer» o «quizá esto no se me da bien, pero ¡soy tan hábil en...!», «bastará con seguir practicando»...

Así, identificando primero qué mensajes nos decimos a nosotros mismos gracias al diario de conversaciones propias, y después domesticando con paciencia nuestra voz interior para que se convierta en la voz de la conciencia optimista, paulatinamente nos crearemos una imagen más alegre, positiva y realista de nosotros mismos. Eso retroalimentará a la voz, que cada vez nos dará mensajes más estimulantes y animosos para sentirnos bien con nosotros mismos, satisfechos y cargados de energía y esperanza.

La lista de celebraciones cotidianas

Éste es otro ejercicio que nos ayudará enormemente a fortalecer el enfoque positivo del mundo. Cada noche, durante la cena o a la hora de acostarnos, debemos pensar tres motivos de celebración que nos ha dejado la jornada. Puede tratarse de una sorpresa agradable, de unas palabras de ánimo, de un descubrimiento, de un paisaje o un edificio que nos hayan cautivado...: sirve cualquier cosa que haya hecho que nos sintamos bien. Al principio nos costará, pero debemos perseverar y practicar para aprender a observar la realidad desde un prisma positivo. Llegará un momento en que se nos ocurrirán los tres elementos de la lista casi automáticamente, porque nuestro cerebro se habrá acostumbrado a esa nueva forma de pensar.

A continuación presentaré un último ejercicio, que merece un apartado propio. Se trata del diario de preguntas inspiradoras.

El diario de preguntas inspiradoras

Éste es un ejercicio que te ocupará todo un mes: se trata de un conjunto de treinta preguntas. Debes responder una cada día; puede ser por la mañana, si tienes tiempo; si no es así o crees que necesitas meditarla un poco, puedes dejar a tu cerebro trabajando en la pregunta del día durante la jornada y responderla al anochecer. Eso sí, responde al diario siempre a la misma hora.

Quizá te dé apuro escribir porque no tienes por costumbre hacerlo y no te sientes capaz: no te preocupes ni te censures. Nadie leerá lo que escribas, nadie lo juzgará; plantéatelo como un monólogo interior. Déjate llevar y verás como las ideas fluirán y crearás conexiones que nunca se te habían ocurrido.

Como comprobarás, cada pregunta conduce a buscar algo positivo en ti, en tu vida, diversos motivos de alegría. Al ponerlas negro sobre blanco, esas razones para sentirte feliz y satisfecho ganarán entidad, te parecerán más reales y las fijarás en tu interior.

Combinando éste con los otros recursos, tu árbol de la felicidad será cada vez más sano y frondoso, tu nivel de optimismo irá creciendo de forma exponencial, porque se retroalimenta (el optimismo atrae al optimismo), y recorrerás con energía y fortaleza el camino que hemos comenzado juntos hacia una vida plena, alegre y llena de esperanza.

TU DIARIO DE PREGUNTAS INSPIRADORAS

DÍA 1 ¿Qué cosas despiertan mi entusiasmo?

DÍA 2

¿Cómo podría contribuir a la felicidad de mis seres queridos? ¿Qué palabras positivas podría dedicarles?

DÍA 3

¿Por qué cosas podría felicitarme hoy con una palmadita en la espalda?

DÍA 4

¿Qué puedo esperar con ilusión de mañana? ¿Qué me gustaría mejorar en aspectos como el trabajo, la salud y el amor?

DÍA 5

¿Qué personas me inspiran? ¿Por qué? ¿Cuáles de sus rasgos podría cultivar?

EL PESIMISMO
CONDUCE A LA
DEBILIDAD;
EL OPTIMISMO,
AL PODER.

WILLIAM JAMES

LA VIDA SE ENCOGE
O SE EXPANDE
EN PROPORCIÓN
AL CORAJE
QUE UNO TENGA.

ANAÏS NIN

DÍA 6 ¿Hacia dónde estoy avanzando en la vida?

DÍA 7

¿Quiénes son mis amigos? ¿Quiénes me enriquecen y me transmiten seguridad y autoconfianza?

DÍA 8

¿Qué puedo hacer para aprovechar mejor el tiempo?

DÍA 9

¿Qué cosas me gusta hacer realmente?
¿Cuántas de ellas hago?

DÍA 10

¿Por qué merezco que me quieran? ¿Puedo decir cinco rasgos positivos de mi personalidad?

NO SON LAS COSAS

QUE NOS SUCEDEN

LAS QUE NOS HACEN SUFRIR

O NOS CREAN PROBLEMAS,

SINO LO QUE NOS
DECIMOS O
PENSAMOS DE ELLAS.

EPICTETO

DÍA 11

¿Cuántas cosas hacen que valga la pena vivir la vida?

DÍA 12 ¿Qué personas me quieren?

DÍA 13 ¿Qué me gusta de mí?

DÍA 14

¿Qué personas me ayudan siempre que pueden?

DÍA 15 ¿Qué cosas se me dan bien? ¿En qué ámbitos?

NO ES PORQUE LAS COSAS

SEAN DIFÍCILES

POR LO QUE NO

NOS ATREVEMOS CON ELLAS;

ES PORQUE NO

NOS ATREVEMOS CON ELLAS

POR LO QUE SON DIFÍCILES.

SÉNECA

DÍA 16 ¿Quién me hace sentir especial? ¿Por qué?

DÍA 17 ¿Qué cosas siempre me hacen sonreír?

DÍA 18 ¿Qué me hace reír a carcajadas?

DÍA 19

¿Qué les gusta a mis amigos de mí? ¿Cómo lo sé?

DÍA 20 ¿Cuál es mi rasgo físico más atractivo?

UN OPTIMISTA VE

UNA OPORTUNIDAD

EN TODA CALAMIDAD;

UN PESIMISTA
VE UNA CALAMIDAD EN
TODA OPORTUNIDAD.

WINSTON CHURCHILL

DÍA 21 ¿Cuál es mi mayor virtud? ¿Por qué?

DÍA 22

¿Cómo ayudo a los demás? ¿Lo hago a menudo?

DÍA 23 ¿Cuál es mi recuerdo más hermoso?

DÍA 24

¿En qué momentos me siento feliz? ¿A qué se debe?

DÍA 25

Si cierro los ojos, ¿qué deseos me vienen a la mente? ¿Puedo hacer realidad alguno de ellos?

¡AVANZA CON CONFIANZA

HACIA TUS SUEÑOS!

VIVE LA VIDA QUE IMAGINAS.

A MEDIDA QUE SIMPLIFIQUES
TU VIDA, LAS LEYES
DEL UNIVERSO
SE SIMPLIFICARÁN.

HENRY DAVID THOREAU

DÍA 26 ¿Qué sueños tengo? ¿Cómo puedo hacerlos realidad?

DÍA 27

¿Cuál será mi mayor legado? ¿Me gustaría que fuera otro?

DÍA 28 ¿Cuál es por ahora mi mayor logro en la vida? ¿Por qué?

DÍA 29 ¿A quién admiro en secreto? ¿Por qué?

DÍA 30

¿Qué pequeños cambios podría hacer en mi vida? ¿Puedo escoger alguno y llevarlo a cabo ya?

COMO
ES ADENTRO

ES AFUERA.

HERMES TRISMEGISTO

EPÍLOGO

EL VIAJE SIGUE

Todos somos únicos y tenemos expectativas distintas en la vida. Sin embargo, las explicaciones y las herramientas que he recogido en este libro están concebidas para ser universales: espero que te hayan ayudado a comprender que el enfoque positivo de la realidad es esencial para afrontarla, quizá a descubrir que eres optimista y no lo sabías, y que puedes potenciar esa actitud para desarrollarte plenamente y fortalecerte, como hice yo, ante la adversidad.

A menudo los clientes me preguntan qué paso deben dar una vez han recuperado la fuerza y la positividad. Es muy sencillo: has empezado un camino lleno de oportunidades y desafíos. No temas recorrerlo, no temas seguir descubriéndote y descubriendo el mundo, nunca pierdas la curiosidad.

Precisamente por eso, por el impulso de seguir evolucionando e investigando, tras completar las técnicas de coaching en optimismo me embarqué en un proyecto mayor: crear un método de apoyo global a las personas para desarrollar en profundidad el autoconocimiento, el autocontrol y también la visión del mundo. Seguí estudiando y formándome en ámbitos tan diversos como la psicología positiva, el mentoring y la programación neurolingüística. De mis estudios y del trabajo con miles de personas de numerosos países nació la humanología: la disciplina que estudia al ser humano desde una perspectiva integral para ayudar a las personas a lo largo de toda su trayectoria vital o profesional. Te invito a adentrarte en ella para aprovechar al máximo la energía y el optimismo que confío que hayas encontrado en ti, para no perder la alegría de vivir la mejor vida posible.

BIBLIOGRAFÍA

BRANDT, Phyllis R., *Psychology of Optimism*, Nova Science Publishers, Nueva York, 2011.

DECI, E. L., y R. M. RYAN, *Intrinsic Motivation and Self-Determination in Human Behavior*, Plenum Press, Nueva York, 1985.

FOX, Elaine, *Rainy Brain, Sunny Brain: How to Retrain Your Brain to Overcome Pessimism and Achieve a More Positive Outlook*, Basic Books, Filadelfia, 2012 [*Una mente feliz. Descubre cómo funciona el optimismo y cambia tu forma de ver la vida*, Temas de Hoy, Madrid, 2012].

GARDNER, R. C., y W. E. LAMBERT, *Attitudes and Motivation in Second-Language Learning*, Newbury House Publishing, Rowley, Massachusetts, 1972.

HOLLOWAY, Beth, y Gail A. NELSON, «Can Optimism Make a Difference in Your Life?», Health Encyclopedia, www.urmc.rochester.edu.

LOPEZ, Shane J., y C. R. SNYDER (eds.), *The Oxford Handbook of Positive Psychology*, Oxford University Press, Nueva York, 2009.

Maruta, T., C.R. Colligan, M. Malinchoc y K.P. Offord, «Optimism-Pessimism Assessed in the 1960's and Self-reported Health Status 30 Years Later», Mayo Clinic Proceedings, Rochester, Minnesota, 2002.

Mezzapelle, David, *Contagious Optimism: Uplifting Stories and Motivational Advice for Positive Forward Thinking*, Viva Editions, Berkeley, California, 2013.

Pluess, Michael (ed.), *Genetics of Psychological Well-being: The Role of Heritability and Genetics in Positive Psychology*, Oxford University Press, Nueva York, 2015.

Seligman, Martin E.P., *Learned Optimism: How to Change Your Mind and Your Life*, Alfred A. Knopf, Nueva York, 1990 [*Aprenda optimismo: haga de la vida una experiencia maravillosa*, Debolsillo, Barcelona, 2015].

—, Karen Reivich, Lisa Jaycox y Jane Gillham, *Niños optimistas*, Debolsillo, Barcelona, 2011.

Srivastava, S., y K.M. Angelo, «Optimism, Effects on Relationships», en H.T. Reis y S.K. Sprecher (eds.), Encyclopedia of Human Relationships, Thousand Oaks, California, Sage Reference Publication, 2009.

c/ Mar Tirrena, 5, 08912 Badalona
www.koanlibros.com ▪ info@koanlibros.com

ISBN: 978-84-949134-0-2 ▪ Depósito legal: B-21.426-2018
Maquetación: Cuqui Puig ▪ Diseño de cubiertas de colección:
Claudia Burbano de Lara ▪ Ilustración de cubierta e ilustraciones de interior:
Verónica Grech ▪ Impresión y encuadernación: Liberdúplex
Impreso en España / *Printed in Spain*

LLEGA A SER
QUIEN ERES.

PÍNDARO